PARIS — IMPRIMERIE DE J CLAYE

RUE SAINT-BENOIT, 7.

UN

CONGRÈS

ET NON

LA GUERRE

PARIS

AMYOT, LIBRAIRE-ÉDITEUR

RUE DE LA PAIX, 8.

1859

UN CONGRÈS

ET NON

LA GUERRE

S'il est vrai que la plupart des congrès ne se réunirent, en Europe, qu'à la suite des grandes guerres qui bouleversèrent le monde politique, il ne faudrait pas cependant remonter bien haut dans l'histoire de la diplomatie pour en trouver qui n'eurent d'autre but que de prévenir l'effusion du sang et de maintenir l'ordre établi. Tels furent, en effet, ceux de Laybach, de Troppau et de Vérone, où l'on se préoccupa beaucoup plus, ce nous semble, de ce qui existait que de ce qui aurait dû exister. Il en ressortit néanmoins une grande vérité pratique, trop souvent traitée de rêve, savoir : qu'il serait possible et désirable, en vue de l'adoucissement général des mœurs et du progrès de la civilisation, d'établir entre les divers États, sur des bases immuables, une sorte de tribunal suprême qui jugerait tous les litiges internationaux, sous la forme d'un congrès. Car tout congrès a pour objet de créer de nouveaux rapports de peuple à peuple, et par conséquent un nouveau droit public, sans avoir recours à la force des armes.

Dans les traités qui sont l'œuvre des congrès, toutes les diverses parties contractantes ne peuvent avoir qu'une conviction commune : celle de l'utilité, de la justice et de l'opportunité des principes qu'ils consacrent. Ces principes doivent posséder en eux-mêmes un caractère de permanence incontestable, et revêtir une forme aussi peu variable que possible. Enfin, la soumission des parties lésées aux stipulations des traités élaborés par n'importe quel congrès, est la conséquence naturelle et logique de la conviction qu'elles ont de la nécessité impérieuse où elles se trouvent de les subir, parce qu'il leur est impossible de se soustraire à l'exécution des principes consacrés qui ont force de loi.

Toute stipulation d'un genre différent ne saurait être sanctionnée par un traité émanant d'un congrès ; à peine serait-elle admise dans un traité éventuel ou de nécessité temporaire entre deux États contractants.

Quand les diverses raisons d'être des principes stipulés dans un traité général n'existent plus, ce traité tombe de lui-même en désuétude.

Puisque les traités généraux actuellement en vigueur dans le monde politique se réduisent au traité de Vienne de 1815 et au traité de Paris de 1856, il devient curieux de voir jusqu'à quel point les articles de ces deux pactes fondamentaux du droit international de l'Europe satisfont à ces conditions essentielles : l'utilité générale, la justice, l'opportunité, la permanence; et jusqu'à quel point aussi les diverses parties contractantes sont convaincues de la nécessité qu'il y a pour elles de s'y soumettre.

Le traité de Vienne fut élaboré sous l'impression des secousses violentes que tous les pays de l'Europe avaient éprouvées pendant les vingt-cinq années de guerres qui l'ont précédé. Aussi toutes les puissances contractantes furent-elles plus ou moins hostiles envers la puissance qui avait provoqué ces nombreuses guerres. Outre cette cause purement morale, il y eut encore d'autres causes politiques de nature à motiver une pareille hostilité de la part des membres d'un congrès éminemment monarchique. Ils se croyaient, en effet, obligés de réagir et contre l'esprit démocratique et irréligieux des armées françaises, et contre l'éclat immense que toutes les brillantes victoires remportées par ces armées faisaient rejaillir sur le créateur d'une dynastie nouvelle enfantée par la révolution.

Le besoin général de repos et de stabilité, la crainte d'une propagande française faite à l'abri de drapeaux victorieux, et l'exemple de la possibilité de créer une dynastie nouvelle, dictèrent les principales stipulations du traité de Vienne, qui ont rapport à la France. Quant aux articles organiques relatifs aux autres États de l'Europe, ils eurent pour fondement des considérations dynastiques, ou l'appréciation matérielle des forces et des instruments de guerre inhérents à chaque lambeau de territoire qu'on annexait à tel et tel royaume, ou qu'on en détachait. Si bien que le nombre des habitants et celui des forteresses étaient les seuls éléments qui servissent de base à tous les calculs de ces fabricants d'États.

Les protocoles des séances où furent agités les destins de la Saxe nous montrent le caractère purement dynastique, tandis que ceux où l'on débattit la question de son annexion à la Prusse ou celle de l'annexion de divers territoires aux autres États allemands, s'étendent complaisamment sur le nombre de leurs habitants, c'est-à-dire de leurs soldats, ou forces vives belligérantes. Pareillement toutes les discussions diplomatiques sur Thorn, Cracovie et les autres forteresses n'eurent pour objet que la force matérielle de ces places d'armes.

Les considérations industrielles, ethnographiques ou morales exercèrent donc une influence bien secondaire sur l'œuvre d'incubation des États, couvés et créés par le congrès de Vienne.

Cette manière de procéder à la réorganisation générale des nationalités politiques de presque toute l'Europe étant incomplète, il en résulta que, dès sa première apparition, le travail des plénipotentiaires put satisfaire certains rois et certains ministres, mais qu'il dut mécontenter tous les peuples. Aussi comprit-on sur-le-champ la nécessité de créer une puissante force de surveillance entre les États pour les contenir dans la gênante situation qui venait de leur être faite par ce traité malencontreux : et c'est la triple alliance qui se chargea de cette surveillance dans le but de maintenir l'ordre établi.

La condition de cet ordre fut la légitimité du pouvoir, légitimité fondée sur les droits de naissance dynastique ou tout au moins sur les stipulations du traité de Vienne. Conformément à cet acte, aucune circonstance, de quelque gravité qu'elle fût, si elle n'avait pas été prévue par les hautes intelligences des membres du congrès, ne pouvait le modifier; car la triple alliance était là pour refouler dans son germe toute espèce de développement politique, intellectuel ou moral qui se manifesterait dans la vie des peuples, ce développement fût-il le plus naturel et résultant par conséquent de l'existence même des sociétés humaines, invinciblement soumises aux lois de leur propre croissance.

Pour bien comprendre la raison d'être et la légitimité des prétentions du congrès de Vienne à sauvegarder les formes du moule dans lequel il voulait retenir indéfiniment l'Europe, on n'a besoin que de jeter un simple coup d'œil sur les principales circonscriptions territoriales qu'il a déterminées. Réduite à ses limites de 1792, la France fut refoulée du Bas-Rhin et des Alpes; la Hollande fut soudée à la Belgique et à la Flandre, contrairement aux considérations ethnographiques et économiques de leurs divers peuples; la Suède gagna la Norvége à titre de compensation pour la Finlande qu'elle avait perdue; et le Danemarck s'arrondit avec les duchés de Holstein, de Lauenbourg et du Schleswig, qui furent soumis à son roi. L'Angleterre acquit les îles de Jersey et de Guernesey, en vue des côtes françaises, et l'île d'Helgoland dominant les bouches de l'Elbe, en même temps qu'elle fit sanctionner sa possession de l'île de Malte, qu'elle obtenait le protectorat des îles Ioniennes, qui lui assurait des stations excellentes dans la Méditerranée, et qu'elle présidait à la création du royaume de Hanovre, prenant ainsi pied sur le continent pour satisfaire ses vues dynastiques; la Prusse atteignait une hauteur de puissance à laquelle Frédéric le Grand lui-même n'osait pas aspirer; mais on lui donnait une configuration tellement vicieuse, en l'étendant de l'est à l'ouest d'une manière démesurée, et en entrecoupant son territoire de pays étrangers, qu'elle perdit en force de cohésion ce qu'elle gagnait en superficie. Contrairement aux propositions faites, dès le commencement du congrès, par l'empereur Alexandre, dans le but de reconstituer une Pologne nationale sous son protectorat, on maintint son ancien partage, ou plutôt on fit un partage nouveau de ce malheureux pays, dont une partie fut réunie à l'empire de Russie pour être *possédée* par S. M. l'empereur de toutes les Russies (art. 1er). Cette situation de la Pologne n'offrait à la Russie proprement dite aucun avantage réel; car ce n'était qu'un avant-poste militaire au milieu d'une population hostile, matériellement fort coûteux et moralement fort onéreux; car la Russie était contrainte par ce fait de se mêler aux grandes comme aux petites intrigues diplomatiques de la politique intérieure de l'Europe. Après une maladroite et partiale répartition des États médiatisés, l'Allemagne fut divisée en une infinité d'États pour des motifs purement dynastiques. La Péninsule ibérienne fut replacée sous la domination de ses légitimes souverains; mais l'Italie, déchirée en plusieurs morceaux, fut soumise à des dynasties allemandes, françaises, espagnoles et à la domination de la tiare; il fallut toute l'insistance de l'empereur Alexandre pour conserver une couronne italienne à la dynastie nationale des anciens ducs de Savoie. L'empire d'Autriche fut recousu avec des lambeaux de territoires et de populations ayant des intérêts, des nationalités, des mœurs, des religions et des tendances non-seulement différents entre eux, mais souvent hostiles les uns aux autres. Cet amalgame reçut néanmoins un élément d'existence collective comme puissance allemande, quoique, pour les trois quarts, composée de Slaves, de Roumains, d'Italiens et de Hongrois; comme empire romain, quoique siégeant en Allemagne; bref comme un État de convention et purement factice. L'idée de la légitimité dominait tellement les actes du congrès, qu'il n'osa pas même aborder la question turque, de peur d'ébranler, sans doute, la légitimité du Padischah, fondée sur les droits de conquête et d'oppression séculaire.

Il est donc évident que le traité de Vienne fut hostile à la France, à l'Italie, à la Pologne, à tous les pays slaves, grecs et roumains; qu'il fut moins profitable que désavantageux à la Russie et au Danemarck; enfin qu'il éleva la Prusse au rang des premières puissances européennes, sans lui donner la consistance nécessaire pour se maintenir dans cette haute position. La Suède, réunie à la Norvége, était sans doute mieux constituée qu'à l'époque où, séparée de la Norvége, elle se réunissait à la Finlande; mais les avantages réels furent recueillis par l'Angleterre et par l'Autriche; car cette dernière trouvait des éléments de vitalité qui, pour être éphémères et factices, lui permettraient néanmoins d'opposer impunément, durant près d'un demi-siècle, son mauvais vouloir à tout acte de politique humanitaire et progressive.

Nous avons constaté déjà que le traité de Vienne satisfit la plupart des dynasties régnantes et mécontenta tous les peuples, qui essayèrent de réagir contre ses principes. C'est ainsi qu'il divisa la société générale de l'Europe en deux partis distincts : l'un gouvernemental, l'autre populaire ; scission déplorable qui s'est perpétuée jusqu'à nos jours et fait éclater, dans le monde politique, de tristes symptômes d'hostilités que les hommes, animés de l'amour du bien, quel que soit le parti auquel ils appartiennent d'ailleurs, devraient s'efforcer d'écarter par de sages conciliations pour éviter des catastrophes.

La lutte s'engagea résolûment entre les gouvernements et les peuples, entre le parti aristocratique ou conservateur et le parti démocratique ou révolutionnaire, de l'un à l'autre bout de l'Europe. D'un côté, les Lafayette, les Manuel, les d'Argenson, donnant la main aux carbonari d'Espagne, du Piémont, de la Lombardie et de Naples, ainsi qu'aux chartistes d'Angleterre et aux illuminés d'Allemagne, propagèrent les principes de liberté, d'égalité et de fraternité, se donnèrent pour mot d'ordre : *Sois prêt, sois ferme*, et prirent des poignards avec cette inscription : *Ultima ratio populorum ;* de l'autre côté, les gouvernements, appuyés sur les Metternich, les Hardenberg et les Nesselrode, convoquaient force congrès, et renchérissaient encore sur les stipulations du traité de Vienne lui-même pour river les chaînes qui retenaient les peuples dans les cadres formés par ce traité, comme dans un véritable lit de Procruste.

Le parti gouvernemental ne pouvait pas agir, sous une inspiration identique, dans les divers pays de l'Europe, alors divisés en monarchies absolues et en monarchies constitutionnelles; tandis que le parti populaire ou démocratique agissait toujours et partout sous les mêmes inspirations, soutenu qu'il était par la partie la plus adroite et la plus acerbe de la presse quotidienne, qui se développa depuis cette époque d'une manière prodigieuse et qui devint, bientôt après le traité de Vienne, un pouvoir puissant avec lequel les gouvernements eux-mêmes étaient obligés de compter. Pendant les quinze années que dura cet état de lutte, la Sainte-Alliance n'eut d'autre souci que de se concerter souvent dans des congrès, de veiller avec anxiété sur la marche et le développement du parti populaire, de prendre enfin toutes les mesures nécessaires pour faire rentrer sous le pouvoir absolu quiconque en était sorti par une légale manifestation de ses tendances libérales. Et cependant le parti démocratique, recruté par une vaste propagande, prenait à tous les yeux des proportions colossales en répétant, sous mille formes diverses, une idée fort simple et d'autant plus dangereuse comme instrument de guerre, savoir : *Que les rois sont faits pour les peuples et non les peuples pour les rois* (aphorisme de Mirabeau).

Un tel conflit d'opinions devait se traduire tôt ou tard en actes révolutionnaires dans plusieurs États. La Grèce fut la première à se soulever contre un pouvoir oppressif et brutal, et son soulèvement fut accueilli avec enthousiasme par le parti populaire de tous les pays, où l'on vit se former des sociétés de philhellènes, s'ouvrir des souscriptions pour les héros de la sainte cause, et se réunir les hommes d'État, les poëtes et les soldats, qui s'écriaient d'une voix unanime : *Paix aux chrétiens! guerre aux Turcs!* Un nombre considérable de volontaires partirent des diverses contrées de l'Europe, à l'instar de lord Byron et du colonel Fabvier; ils vinrent spontanément se grouper autour de Canaris, de Colocotroni, de Marc-Botzaris, de Souli, de Mavrocordato, d'Ypsilanti, de Capo-d'Istria, de Miaulis, qui, dans un sublime élan de patriotisme, avaient juré de rendre à son indépendance autonomique la terre classique de la liberté.

Presque à la même époque, les peuples opprimés de l'Europe méridionale, entraînés par le mouvement des armées, dictaient eux-mêmes des lois libérales ou révolutionnaires aux rois Ferdinand VII d'Espagne, Jean VI de Portugal et Ferdinand IV de Naples. Leurs actes, quels qu'ils fussent, n'étaient donc et ne pouvaient être que des protestations manifestes contre les principes soutenus par les deux monarques allemands au nom de la Sainte-Alliance, dont l'empereur de Russie avait abdiqué le sceptre, pour ne pas s'associer aux fausses mesures de l'empereur d'Autriche et du roi de Prusse.

En ce moment l'Angleterre, qui avait tenu l'épée de l'Europe par les mains du duc de Wellington, se séparait aussi des grandes puissances continentales, adoptait une politique distincte, et laissait son ambassadeur à Madrid, tandis que la France, la Russie, l'Autriche et la Prusse en rappelaient leurs représentants, à la suite d'une réponse inconvenante des Cortès. Voyant que la stricte exécution du traité de Vienne avait déjà créé l'influence prépondérante de la triple alliance dans tout le nord et le centre de l'Europe, et que l'influence de la France allait encore prévaloir dans la péninsule espagnole, ce qui devait nécessairement réduire son propre rôle sur le continent à une action secondaire et tout à fait insignifiante, la grande puissance maritime se déclara donc hautement en faveur du parti populaire européen et contre le parti monarchique et conservateur. Ce revirement subit lui valut toutes les sympathies de l'Europe démocratique; et il devint notoire dès lors qu'il serait impossible de maintenir en son intégrité l'œuvre du grand congrès de Vienne, surtout modifiée comme elle l'était par les stipulations des petits congrès ultérieurs, qui avaient encouru toutes les antipathies des peuples.

En présence de cette situation critique, la France et la Russie voulurent s'entendre sur les voies et moyens de ramener le monde politique à un état plus conforme aux exigences économiques, nationales et morales des diverses sociétés qu'il renferme. Le cabinet des Tuileries et celui de Saint-Pétersbourg entamèrent une série de négociations secrètes; et les bases d'un remaniement général de l'Europe furent arrêtées entre le roi Charles X et l'empereur Nicolas Ier. L'exécution de ce hardi projet commença par la guerre que ce dernier monarque entreprit contre la Turquie ; et l'apparition de la flotte française dans les eaux de la Morée en fut la conséquence immédiate. Mais quand, à force d'argent, l'Angleterre eut pleine connaissance du but que les deux grands États secrètement alliés, poursuivaient avec une si noble résolution, elle dut employer toute son adresse et tout son pouvoir à faire avorter des combinaisons politiques destinées à opérer la création, ou mieux la résurrection d'une puissante nationalité grecque, parce qu'elle craignait qu'elle ne devînt, dans un avenir prochain, une puissance maritime du premier ordre. A cet effet elle signa le traité de Londres du 26 juillet 1827, ayant l'air de participer aux efforts de la France et de la Russie, dont elle détruisait les plans en faisant constituer une Grèce indépendante dans des conditions tellement petites, que la marine anglaise pouvait la voir s'élever sans effroi. En outre, par sa feinte adhésion au système des deux grandes puissances continentales, l'Angleterre établissait une nouvelle triple alliance, d'autant plus sympathique aux peuples qu'elle était en opposition avec l'ancienne Sainte-Alliance, d'autant plus impopulaire qu'elle n'avait pour objet que l'application des principes du traité de Vienne. Il y avait donc pour elle un grand avantage moral ; quant à l'avantage matériel, nous n'oserions point affirmer qu'elle eût assez peu de perspicacité politique, pour ne pas entrevoir déjà le prochain anéantissement d'une flotte à Navarin ou ailleurs.

Quoi qu'il en soit, l'opposition de l'Angleterre aux vues réformatrices de la France et de la Russie, ayant fait échouer le projet de remaniement général de l'Europe, les peuples sentirent qu'on les refoulait de nouveau, pour un temps indéfini, dans les formes établies tant par le congrès de Vienne, que par ceux d'Aix-la-Chapelle, de Troppau, de Laybach, de Vérone ; et ils s'en émurent. Persuadée que la publicité seule des intentions de la France et de la Russie était suffisante pour leur faire obtenir les sympathies de la majorité du parti populaire sur lequel elle s'appuyait elle-même, l'Angleterre fut intéressée à ne pas laisser ébruiter un projet qui les lui aurait aliénées. D'ailleurs elle craignait encore que, malgré sa propre opposition, les desseins franco-russes ne se réalisassent plus ou moins promptement, selon les vœux et avec le concours des peuples : aussi, loin d'abandonner l'esprit public à son cours naturel, sans lui imprimer une direction spéciale en vue de révolutions extérieures, s'efforça-t-elle de le diriger dans une autre voie d'activité, dans celle des révolutions intérieures, sous l'égide du principe de non-intervention, publiquement proclamé par ses gouvernants.

C'est alors que les journaux anglais et tous les partisans de l'Angleterre, qui s'étaient donné le mot d'ordre, organisèrent une propagande ultra-libérale dans la plupart des États de l'Europe et principalement en France, où ils jetèrent le ridicule à pleines mains sur la tête des Bourbons de la branche aînée, qu'ils considéraient comme leurs plus dangereux ennemis. Les Français, plus impressionnables et moins réfléchis que les autres peuples, se laissèrent prendre au piége britannique, et leurs poëtes populaires, ceux-là mêmes qui avaient poursuivi naguère de leur verve sarcastique le despotisme de Napoléon Ier, par un revirement subit d'opinion allèrent même jusqu'à le prendre pour le champion des libertés publiques. L'Angleterre savait très-bien qu'en agissant de la sorte elle portait un coup funeste au traité de Vienne; mais elle le portait du côté qui lui convenait et de manière à s'assurer pour elle-même une influence morale aussi prodigieuse que durable, non-seulement sur les peuples, mais encore sur les gouvernements du continent.

La révolution de juillet ayant fait voler en éclats le vieux moule diplomatique, si étrangement façonné en 1815, l'esprit révolutionnaire parcourut l'Europe dans tous les sens. Le royaume des Pays-Bas-Unis fut englouti ; la malheureuse Pologne soulevée, et la Sainte-Alliance ébranlée. Comme il leur était impossible de résister au courant des idées populaires, les souverains allemands se réfugièrent aussitôt sous l'aile de l'aigle russe, dont la puissance matérielle et morale se trouvait fortifiée par sa guerre contre la révolution polonaise.

La destruction du royaume des Pays-Bas-Unis prépara a création du royaume de Belgique, qui s'accomplit dans les conférences de Londres. Tout le monde comprit aussitôt que le cabinet de Saint-James travaillait de longue main à détacher la Belgique de la Hollande et à fabriquer un nouveau trône pour le donner au prince Léopold, qui avait été longtemps destiné au trône de la Grande-Bretagne. Outre que ce choix éloignait pour l'Angleterre la crainte d'une fusion des provinces belgiques avec la France, le duc de Wellington espérait faire du roi Léopold une sorte de préfet anglais. Mais ce monarque, ayant le sentiment de sa nouvelle position, parvint sur-le-champ à s'affranchir d'un joug humiliant par son mariage avec la fille de Louis-Philippe, et se posa ainsi dans une situation de neutralité absolue entre les deux grandes puissances rivales.

En fait comme en principe, la Sainte-Alliance était abrogée, et le traité de Vienne déchiré ; mais les lambeaux plus ou moins intacts du traité furent soigneusement conservés par l'unique représentant et champion de la Sainte-Alliance, par l'empereur Nicolas Ier. Aussi toutes les hostilités du parti populaire furent-elles dirigées non-seulement contre la personne de ce souverain, mais encore contre son pays.

Cependant la propagation des principes démocratiques faisait d'immenses progrès en France, en Allemagne et en Italie, quoique les événements parussent s'immobiliser; car le spectre du colosse du Nord était là pour contenir le bouillonnement des esprits dans le Midi, trop désireux de révolutions. L'œuvre de la propagande s'accomplit néanmoins à Paris. La révolution de Février, conséquence logique de la révolution de Juillet, entraîna l'Allemagne, qui n'était qu'en travail de fermentation, et l'Italie qui, misérable autant qu'opprimée, n'était nullement prête pour de nouvelles destinées.

Le parti conservateur fut mis en déroute par le parti révolutionnaire. Tous les trônes de l'Europe s'ébranlèrent sur leurs bases peu solides, à l'exception de celui du tzar, qui resta immobile au milieu de cet ébranlement universel; et c'est de là que partit le signal de la contre-révolution s'avançant pas à pas de l'Orient vers l'Occident, pour se résumer dans l'établissement de l'empire français.

Peut-on s'étonner, après cela, de ce que l'immense majorité des masses populaires en Europe, et beaucoup d'hommes supérieurs par leurs capacités intellectuelles, aient voué une haine profonde au promoteur principal de la contre-révolution, à l'empereur Nicolas et à son instrument politique, la Russie? Les démocrates ne pouvaient se méprendre sur le rôle dévolu à cette puissance. Ils ont compris que cet empire était le boulevard de l'ancienne société, et ils ont déployé dès lors une activité incessante à propager sur la Russie les idées les plus absurdes. Non contents de répéter chaque jour que le colosse du Nord menaçait l'Europe d'une nouvelle invasion de Barbares, les insinuations les plus malveillantes et les calomnies les plus odieuses furent imaginées contre le monarque russe, afin de propager et d'enraciner dans le cœur de tous les peuples une animosité profonde contre ce pays conservateur; et leur but fut pleinement atteint. Une étincelle devait suffire pour faire éclater cette atmosphère chargée de matières inflammables; et cette étincelle fut lancée par l'empereur Nicolas lui-même, dans sa lettre de reconnaissance de l'empereur Napoléon.

L'Angleterre, profitant du malentendu qui venait de se produire entre ces deux souverains, et craignant plus que jamais la formation d'une alliance franco-russe, qu'elle considérait comme une épée de Damoclès suspendue sur sa propre puissance politique, l'Angleterre, disons-nous, sut exploiter avec habileté, d'une part la franchise chevaleresque de l'empereur Nicolas, d'autre part le ressentiment personnel de l'empereur Napoléon et l'animosité générale du parti démocratique et révolutionnaire de l'Europe contre le chef du parti conservateur. La guerre d'Orient fut le résultat de ces adroites manœuvres, dont la dernière expression se reflète dans le traité de paix de Paris, qui se fit au moment où les échos répétaient encore le bruit du canon de Sébastopol, et où les parents des victimes, tombées dans cette lutte gigantesque, n'avaient pas eu le temps de quitter leurs vêtements de deuil.

En thèse générale, tout acte de politique internationale ne peut être juste, utile et conforme aux intérêts de tout le monde, que lorsqu'il est le fruit de la raison corroborée par l'amour ; mais lorsqu'il est inspiré par des passions haineuses, il ne peut être ni juste, ni utile, ni même véritablement avantageux à personne. Effectivement, les avantages partiels qu'en recueilleraient par hasard ceux qui, profitant d'un moment favorable, auraient infligé des conditions gênantes ou humiliantes pour l'un des coïntéressés, ne sauraient être durables ; car, exprimant des iniquités sous une forme juridique, elles impliquent toujours le droit de représailles.

Examinons maintenant si le traité de Paris répond aux conditions essentielles d'un traité général, destiné à réglementer pour longtemps les rapports internationaux des peuples.

Les principales stipulations de ce traité consacrent

ou prétendent consacrer l'anéantissement des forces maritimes de la Russie dans la mer Noire ; son éloignement des bords du Danube, le remplacement du protectorat russe sur les principautés danubiennes et sur les sujets chrétiens de la Porte, par un protectorat collectif de toutes les grandes puissances ; enfin l'admission définitive de la Turquie dans le concert européen. Or, de bonne foi, ces stipulations sont-elles d'une utilité générale et d'une opportunité réelle? portent-elles en elles-mêmes le moindre caractère de *durabilité?* Pour tout dire d'un seul mot, la partie lésée peut-elle se considérer longtemps dans la nécessité de subir des restrictions aussi humiliantes?

L'anéantissement de l'ancienne flotte russe dans la mer Noire et la défense d'en créer une nouvelle, profitables à l'Angleterre et parfaitement indifférentes aux autres puissances européennes, sont très-nuisibles aux véritables intérêts de la France[1]. L'Angle-

1. Qu'il nous soit permis de citer à l'appui de notre thèse le passage suivant, extrait d'un ouvrage de M. L. de Carné, publié en 1838, sous ce titre : *Les intérêts nouveaux en Europe depuis la révolution de* 1830 : « Il est « inutile, dit-il, de rechercher la mission naturelle de la France dans les « prochains conflits, rendus inévitables par la situation du monde. Ces « études sont d'une importance d'autant plus actuelle que les complications « produites par les affaires d'Orient représentent un double danger. Outre « qu'elles compromettent la paix européenne, ce premier intérêt de tous, « elles sont de nature à engager graduellement la France hors des voies « où la nature des choses et ses intérêts mieux compris l'obligeraient plus « tard à rentrer. Un moment viendra, et peut-être est-il prochain, où « l'Angleterre, *pressée par les nécessités d'une situation toute différente de la* « *nôtre, cédant aux clameurs de l'opinion, à l'urgence de maintenir le système*

terre elle-même, par l'anéantissement de la flotte russe dans la mer Noire, n'a obtenu qu'un avantage matériel insignifiant, tandis qu'elle a fait une perte morale immense, car elle s'est aliéné en un jour les bonnes dispositions de toute la Russie, qui avait été son alliée fidèle pendant trois siècles.

L'éloignement de la Russie des bords du Danube n'est profitable qu'à l'Autriche, incontestablement omnipotente à présent sur ce fleuve. Les faits et gestes du cabinet de Vienne, depuis le traité, prouvent d'une manière péremptoire que cet éloignement de la Russie est nuisible aux intérêts commerciaux de l'Europe dans ces parages. En effet, si la Russie fût restée puissance riveraine du Danube, l'Autriche eût-elle osé mettre en œuvre le système de tracasseries et de persécutions qu'elle fit subir au bateau à vapeur *le Lyonnais*, qui, sur la foi du traité de Paris, s'était aventuré dans les eaux de ce fleuve, pour inaugurer l'apparition du pavillon de commerce français

« *qui fait sa force en Europe et sa sécurité en Asie, prétendra rendre l'alliance* « *plus étroite et substituer les coups de canon aux notes diplomatiques*. Si, à cet « instant décisif, la France, s'abandonnant à des sentiments irréfléchis, « sortait d'une neutralité qui la rendrait l'arbitre des nouvelles destinées du « monde; *si l'on pouvait lui faire envisager une guerre maritime avec la Russie* « *du même œil que les lords de l'amirauté, les négociants de la Cité et les* « *actionnaires de la Compagnie des Indes, et qu'elle ne comprit pas qu'il y a* « *d'autres moyens d'assurer l'indépendance et l'équilibre de l'Europe, que de blo-* « *quer à tout jamais la puissance russe dans la mer Noire,* alors le monde « traverserait de violentes crises, il épuiserait son sang et ses trésors dans « des luttes acharnées, pour traiter après un demi-siècle sur des bases « que les esprits prévoyants peuvent assigner dès aujourd'hui. »

au sein de ces contrées semi-orientales? Si la Russie fût restée puissance riveraine du Danube, l'Autriche oserait-elle proposer sa trop fameuse convention des riverains, qui neutralise et même annihile perfidement toutes les meilleures dispositions du traité de Paris?

La stricte exécution de ce traité par la Russie, quoiqu'il soit fait dans un but hostile au développement de ses forces, prouvera sans contredit aux hommes politiques vraiment impartiaux, qu'en maintenant la Russie comme puissance riveraine du Danube, l'Europe aurait évité tous les déboires qu'elle éprouve aujourd'hui relativement à l'application du principe de la libre navigation sur ce fleuve. Pour motiver l'éloignement qu'elle désirait, l'Autriche arguait, il est vrai, un prétendu mauvais vouloir de la Russie qui aurait refusé d'améliorer la navigation des bouches du Danube, quand elles étaient en son pouvoir; mais la commission européenne, chargée d'élucider cette question, a démontré la fausseté des assertions autrichiennes, en exposant toutes les difficultés inhérentes à cette navigation et la presque impossibilité d'améliorer l'ex-voie russe d'une manière convenable, par la nature même des obstacles qu'il faut vaincre.

Le remplacement du protectorat russe par le protectorat européen sur les principautés danubiennes et sur les sujets chrétiens de la Porte, n'est également avantageux qu'à l'exclusive influence de l'Autriche. En effet, profitant de son voisinage, de la stricte observation du traité par la Russie et de la lassitude avérée de l'Europe, qui ne veut pas encore tirer l'épée du fourreau contre un membre récalcitrant du congrès pour le rappeler à ses devoirs, elle organise maintenant, sur des bases solides, l'édifice de sa prépondérance dans ces contrées. L'Europe n'a donc rien gagné, mais les populations chrétiennes de la Turquie ont perdu toute leur propre sécurité; car, privées d'un protecteur immédiat, unique et puissant contre un oppresseur fanatique et barbare, elles sont livrées au bon plaisir de leur suzerain ou souverain; car, avant que les puissances contractantes aient seulement le temps de se concerter, on massacrera des milliers de chrétiens et l'on ruinera des provinces entières, comme cela s'est fait tout récemment en Bosnie.

Tant que la Turquie n'était pas admise dans le concert européen, elle pouvait craindre que ses sujets chrétiens, spoliés ou exterminés, l'un et l'autre quelquefois, ne rencontrassent un vengeur dans leur voisin et protecteur naturel. Nous disons protecteur naturel avec Napoléon, qui s'exprimait en ces termes à Sainte-Hélène : « En Turquie, la plus grande partie de la population est grecque, et l'on peut dire que les Grecs sont Russes. » La Turquie avait donc peur de la Russie; cette crainte lui servait de frein. Maintenant qu'elle est certaine qu'on ne lui opposera que des textes diplomatiques et qu'on la traitera, par conséquent, à la manière des peuples civilisés, elle peut se livrer presque impunément à tous les actes de barbarie. Aussi publiera-t-elle, s'il le faut, tansimats sur tansimats et des hatti-houmaïouns promettant tout, avec l'arrière-pensée de ne rien tenir. En attendant, elle massacre des sujets chrétiens et tâche de pourvoir aux folles dépenses du sérail avec la ruine de ses malheureuses provinces grecques, slaves ou roumaines.

De quelque façon qu'on la considère, l'acceptation de la Turquie dans le concert européen ressemble fort à la conduite d'une société distinguée, réunie en banquet, qui, voulant protéger un ramoneur ou un cantonnier contre les mesures justes, mais sévères de la police, le ferait asseoir à sa propre table.

Nous en avons dit assez, croyons-nous, pour prouver que le traité de Paris n'avait été ni utile ni opportun, dans la grande acception des mots, et que, par cela même, il ne pouvait pas être durable. Ceci est d'autant plus vrai que la majeure partie des puissances contractantes le considèrent comme purement transitoire, et, sans contredit, la Russie ne saurait avoir une autre opinion. Est-il possible, en effet, qu'un pays puissant et comptant soixante-dix millions d'habitants sur son propre sol, puisse, en présence du percement de l'isthme de Suez, rester longtemps sous le coup d'un pareil traité, qui le prive du droit d'avoir une flotte sur une mer dont il est bordé, se voir refoulé du Danube et spolié d'un territoire baigné du plus noble sang de ses sujets? Il ne faut pas se dissimuler que la perte d'Ismaïl et de Kagoul ne saurait être indifférente aux Russes. La prise d'Ismaïl est une des plus grandes actions d'éclat de Souvarof. Chantée par la poésie nationale, elle fait partie de la gloire du drapeau russe, et conséquemment ce fait est acquis au domaine public. Une autre victoire non moins brillante et non moins populaire porte le nom de bataille et prise de Kagoul. Il est donc vrai, que le ministre-prince Gortshakoff, en disant, que la Russie ne boude pas, mais qu'elle se recueille, ne faisait qu'exprimer l'opinion publique de son pays.

Toutes ces paroles, toutes ces impressions, — hâtons-nous de le dire, — nous ont été communiquées par des voyageurs russes, dont le patriotisme indigné ne craint pas de s'exprimer en ces termes au sujet du traité de Paris. Ils le considèrent comme une convention illusoire et non comme un traité sérieux. Cet acte diplomatique ayant été fait contre la Russie, évidemment l'opinion des Russes est d'un grand poids dans la balance de ses destinées incertaines. Quant au traité conclu séparément entre la France, l'Angleterre et l'Autriche, le 19 avril, au moment même où le congrès délibérait et négociait encore, il vient à l'appui de leurs idées. En effet, dans quel but ce second traité supplémentaire a-t-il été conclu? Si les trois puissances cosignataires eussent été convaincues de la solidité du traité de Paris et de l'obligation morale de son exécution par la Russie, pourquoi donc en auraient-elles conclu un autre sous forme de palliatif! Ce n'est assurément pas une arrière-pensée qui a suggéré cet acte, mais bien la conviction du caractère transitoire du traité de Paris.

Ainsi, les relations internationales de l'Europe se trouvent réglées par deux traités qui ne répondent ni l'un ni l'autre aux conditions essentielles de tout acte ayant pour but de sauvegarder les destins des différents peuples du monde. On voit d'une part, le traité de Vienne, hostile à l'une des grandes puissances continentales et n'existant pas plus de fait, mais qu'on voudrait peut-être ressusciter en principe; d'autre part, le traité de Paris, hostile à l'autre grande puissance continentale et portant en lui-même les germes de sa propre dissolution. Nous disons à l'une et à l'autre des grandes puissances continentales, car, à vrai dire, il n'y en a pas trois, puisque deux seulement possèdent les éléments de force nécessaires pour prendre et conserver ce rang au-dessus de tous les autres États de l'Europe, soit en luttant isolément l'une contre l'autre, soit en écrasant isolément chacune des autres. L'Autriche telle qu'elle est, simple État de convention ne formant pas une nationalité compacte, dont les populations ne portent aucun amour à cet échafaudage factice, que l'on décore du beau nom d'empire, et dont les armées ne sont animées que par le sentiment de l'honneur du drapeau, — sentiment qui s'efface chaque jour de plus en plus dans le cœur des soldats, — l'Autriche ne saurait soutenir isolément une guerre, ni contre la France, ni contre la Russie, et c'est pour cela que nous devons la considérer comme une puissance du second ordre. Somme toute, elle est plus faible que la Prusse qui, malgré l'infériorité du nombre de ses habitants et la configuration vicieuse de son territoire, possède néanmoins tous les éléments nécessaires pour devenir la troisième grande puissance continentale.

Quelles que soient leurs défectuosités manifestes, les traités de Vienne et celui de Paris pourraient paraître suffisants pour régler encore les rapports internationaux et présider, sous certains points de vue, aux destinées des peuples en temps de calme ; mais, en voyant l'agitation générale de l'Italie et les efforts poignants, convulsifs et désespérés des chrétiens en Orient, on est obligé de convenir, que ces traités ont fait leur temps, et que, si la diplomatie contemporaine n'y apporte pas des modifications presque radicales, ils aboutiront à la ruine du monde politique sous un vain prétexte de conservation.

L'Italie est lasse de la domination étrangère et même du régime théocratique. Mais, renverser la domination étrangère dans ce malheureux pays qui demande à vivre par lui-même, n'est-ce pas signer l'arrêt de mort de l'Autriche? Et quel est l'État qui se laisserait ensevelir, avant d'avoir essayé de reconquérir ses droits à l'existence? Voudrait-on réorganiser, d'autre part, le pouvoir temporel du Pape? Mais ce second problème est encore plus difficile à résoudre que le premier. En effet, un concile se proposerait-il d'asseoir sur de nouvelles bases son pouvoir spirituel, que le clergé catholique n'accepterait cette question préjudicielle qu'après une grande opposition. Il est d'autant plus difficile d'atteindre une bonne organisation séculière des États de l'Église que, malgré les velléités libérales et la sagesse de Pie IX, la France éprouve les plus grands embarras à écarter les abus que fait naître l'élément clérical dans ces États. Supposons un moment que le pape actuel vînt à mourir et qu'un nouveau pontife, moins sage et plus fanatique, lui succédât; on verrait alors une nouvelle recrudescence d'embarras inextricables surgir autour du saint-siége, et tous les efforts combinés des puissances réunies se briser contre l'écueil du préjugé et de l'omnipotence du clergé. Quoi qu'en dise l'auteur de la brochure *l'Empereur Napoléon III et l'Italie*, qui, après avoir constaté *les difficultés considérables* inhérentes au caractère clérical du gouvernement des États romains, propose néanmoins de soumettre toute l'Italie à la suprématie du Pape, nous pensons qu'une pareille organisation présente une multitude d'obstacles et conduit à une confusion de pouvoir, source de dangereuses perturbations du bon ordre général.

Malgré toutes ces difficultés, la nécessité de réorganiser l'Italie n'en est pas moins incontestable ; donc le problème se réduit à ces termes : Est-ce par la force matérielle des armes que l'on obtiendra une bonne organisation de l'Italie? est-ce par la force morale des principes diplomatiques que l'on pourra contraindre l'Autriche et le gouvernement de Rome à faire les concessions indispensables pour atteindre ce nouveau but de la politique moderne?

Quant à la Porte Ottomane, lui laissera-t-on accomplir tranquillement la ruine, la persécution et le massacre de ses sujets chrétiens? Mais ce serait lâche et infâme tout à la fois, puisque les grandes puissances chrétiennes se sont chargées de leur triste protectorat. Et cependant, la stricte exécution du traité de Paris met la Turquie dans la dure alternative de s'y opposer jusqu'à la dernière extrémité ou de renoncer à l'islamisme, c'est-à-dire à ne plus exister elle-même en tant que Turquie, puisque l'ordre social prescrit par ce traité, est manifestement contraire à l'esprit et à la lettre du Coran. En effet, toute amélioration du sort des chrétiens, sujets de la Porte, ne peut avoir lieu qu'en modifiant les lois absolues qui régissent particulièrement les sociétés musulmanes ; de même aussi toute création d'un nouvel ordre social, en faveur des populations chrétiennes vis-à-vis des populations turques, ne peut s'opérer, partout où les premiers se trouvent en nombre notable, fussent-ils moins nombreux que les seconds, qu'en substituant un Code civil, criminel et politique au Coran : ce qui consacrerait, il est vrai, aux applaudissements de l'Europe, la destruction définitive de la Turquie ; mais ce qu'il serait trop cruel d'exiger qu'elle fît elle-même.

On ne saurait d'ailleurs anéantir une puissance quelconque, sans la remplacer immédiatement par une ou plusieurs autres ; car la politique, de même que la matière, au dire des vieux savants, a horreur du vide. C'est pour cela, sans doute, que de nouvelles pondérations politiques viennent remplacer les anciennes dans la balance des États, sous prétexte de reconstituer l'équilibre. Mais ce but, pour être atteint, exigerait l'accord préalable de toutes les grandes puissances européennes ; et voilà pourquoi, grâce aux divisions, aux méfiances et aux hostilités sourdes ou bruyantes, apparentes ou cachées, qui règnent entre les divers cabinets, l'existence anormale de la Turquie, en Europe et dans l'Asie Mineure, s'est perpétuée jusqu'à nos jours, quoiqu'elle n'ait jamais formé une nation proprement dite, quoique, par une législation spéciale qui lui est propre, elle soit toujours restée en dehors du droit commun de toutes les nations, et quoiqu'elle ait mille fois outragé la civilisation en donnant à l'humanité l'épouvantable exemple de sa barbarie. Entreprendre de réformer la Turquie, de la faire entrer dans la famille européenne, serait le travail de Sysiphe. Abstraction faite des préjugés invétérés qui dominent et abrutissent les musulmans, quel triste rôle jouerait la Turquie dans les conseils de souverains chrétiens et éclairés! — Viendrait-elle discuter et soutenir au milieu d'eux les intérêts d'une fraction de sa population soumise à la loi du prophète, au préjudice de la grande majorité de ses sujets, qui est chrétienne, et des provinces dont elle n'est que suzeraine? Mais ce serait une anomalie flagrante, un sujet de discorde perpétuelle.

Nous entendons dire depuis plus de cinquante ans: « Il faut maintenir la stabilité et l'indépendance de l'empire ottoman. » Maintenir la stabilité là où il n'en existe point! On en a voulu créer une à force de sacrifices immenses, et l'on est revenu au même point, ou plutôt à un état de choses pire que jamais. En rendant la Turquie indépendante (ce qui n'est pas le cas encore), on verrait bientôt le fanatisme musulman se ruer avec plus de violence que jamais sur les populations chrétiennes et les sacrifier en holocauste, afin de venger sur elles toutes les humiliations subies par le Croissant.

Pour faire cesser de pareilles iniquités systématiquement érigées en principe et dont les horribles voies de fait de Djidda, de Candie, de Bosnie, etc., sont loin d'être le dernier terme, il suffirait pourtant de l'entente sincère des trois puissances véritablement grandes : l'Angleterre, la France et la Russie. Le monstrueux nœud gordien de la politique moderne serait tranché alors, non pas à l'avantage exclusif de ces États, mais à l'avantage du monde civilisé. Au reste, ce n'est pas le canon, considéré comme *ultima ratio*, qui peut conduire à ce résultat si désirable; c'est la raison appuyée sur le bon vouloir mutuel. Malheureusement, l'expulsion des Turcs du territoire européen, qui satisferait les intérêts matériels et moraux de tous les peuples chrétiens, implique un remaniement général de la carte de l'Europe. Ce remaniement indispensable est sans doute un travail essentiellement complexe, hérissé de dangereuses difficultés. Toutefois, il n'est pas impossible qu'au moyen d'un travail rationnel et de méditations soutenues par l'impartialité, l'abnégation et l'idée d'un intérêt commun, il n'est pas impossible, disons-nous, d'accomplir ce remaniement et d'arriver à cette juxtaposition, qui replacerait les choses dans leur état normal.

Pour réaliser cette grande œuvre, qui est destinée à régulariser tant de situations, il faut imposer silence à toutes les petites passions, à toutes les tendances de prépondérance, et sacrifier les intérêts spéciaux à l'intérêt universel. Tout le monde convient, sans l'avouer néanmoins, que le remaniement de la carte de l'Europe est nécessaire et même urgent; pourquoi donc ne pas le tenter? Un malade, qui aurait un membre gangrené, n'hésiterait certes pas à se faire amputer.

Avis aux diplomates.

Néanmoins, la sérieuse gravité d'une telle entreprise intimida jusqu'à présent les plus audacieux diplomates. Mais l'heure a sonné, paraît-il, où les palliatifs ne sont plus de saison, où les indécisions vont cesser, où les questions capitales doivent se résoudre. Déjà les cris avant-coureurs se font entendre. — L'Italie et la Turquie, d'une part, de l'autre, les Hongrois, les Polonais et les Slaves, réclament impérieusement une réorganisation qui, seule, peut leur faire atteindre le but qu'ils ont à poursuivre dans le monde politique : celui de leur propre existence nationale. Et leurs vœux seront exaucés, car ces nationalités doivent servir de base à l'œuvre colossale et de haute moralité politique que le XIXe siècle se propose d'élever pacifiquement, pour la plus grande satisfaction de l'humanité.

Mais les intérêts particuliers de quelques monarques et de quelques gouvernements se subordonneront-ils aux intérêts généraux des peuples et des nationalités? — C'est peu probable assurément, bien qu'il ne soit douteux pour personne que le sacrifice de l'individu ne devienne, en certains cas, nécessaire aux progrès des sociétés. On doit donc s'attendre à des résistances partielles et même à des velléités belliqueuses, car nul ne se dépouille volontiers d'un domaine dont il peut montrer les titres de propriété; mais ces résistances viendront se briser contre la force morale ou contre la force matérielle, collective et coactive, des trois grandes puissances qui se chargeront de répartir les destinées générales des peuples. Et cette répartition sera d'autant plus équitable que, dans une telle réorganisation diplomatique de l'Europe, leurs intérêts respectifs sont, sinon identiques, du moins conformes aux intérêts généraux des autres États.

D'ailleurs, en bonne politique, on distingue toujours, avec un soin extrême, les intérêts généraux des intérêts particuliers, ceux qui sont communs à toute l'Europe et ceux qui sont relatifs à tels et tels États, grands ou petits. A plus forte raison, lorsqu'il s'agit d'une œuvre aussi capitale que celle d'un remaniement universel du monde politique européen, devra-t-on prendre en sérieuse considération, non-seulement ceux des trois grandes puissances, mais encore ceux des diverses nationalités, si l'on prétend sauvegarder leurs destinées présentes et futures.

Nous ne pouvons donner, dans une simple brochure, l'analyse détaillée de tous ces intérêts qui expriment le but particulier de chaque peuple, en regard du but général de l'humanité; aussi nous bornerons-nous à les indiquer sommairement.

Le plus grand intérêt de l'Europe, son intérêt universel par excellence, est, sans contredit, de se constituer elle-même de manière que chaque État indépendant soit parfaitement à l'abri des convoitises, des iniquités et de toute espèce d'envahissement que les autres États pourraient méditer ou entreprendre contre lui ; que chaque nation soit formée de parties homogènes; que les gouvernements établis sachent et puissent donner une satisfaction légitime à tous les besoins matériels, intellectuels et moraux de leurs gouvernés, et qu'ils sauvegardent leurs intérêts particuliers sans nuire néanmoins aux intérêts généraux; enfin, que la constitution commune aux divers États, et la constitution propre de chaque État, puissent se développer et se perfectionner, chacune dans sa sphère d'activité distincte, à l'effet de fixer leurs destinées actuelles et de préparer en même temps les voies pour leur transformation future.

Si l'on veut atteindre ce but éminemment civilisateur, il faut que l'Europe soit partagée en grands groupes de nationalités homogènes : le groupe anglo-normano-saxon, le groupe franco-romain, le groupe germano-teutonique et le groupe russo-slave ; il faut que la grandeur, l'importance, les forces relatives et absolues de ces groupes soient équivalentes autant que possible et que chacun d'eux ait un noyau principal assez compacte pour devenir la base de sa puissance en faisant graviter autour de lui toutes les autres parties qui le constituent. Afin d'éviter la possibilité d'un conflit ou d'un choc survenant à l'improviste, il conviendrait d'établir entre ces grands groupes des États de second ordre, tels que la Hollande, la Suisse, la Bohême et la Pologne, dont l'autonomie politique serait fondée sur une neutralité absolue. De cette façon, il y aurait trois grandes puissances continentales et une puissance maritime de première force. Chacun des groupes continentaux serait moins redoutable que les deux autres réunis; et tous les trois réunis seraient incontestablement plus forts sur mer que la puissance maritime elle-même; enfin, la puissance maritime réunie à l'une des puissances continentales présenterait une masse de forces approximativement équivalentes aux deux autres. En outre, elles seraient séparées par des États secondaires et neutres, pour faire obstacle à leurs velléités belliqueuses. Le problème de la sécurité mutuelle se trouverait ainsi résolu, et les gouvernements fédératifs des divers groupes homogènes n'auraient d'autre souci que de protéger et de développer le bien-être matériel et moral des populations soumises à leurs propres lois, de seconder les tendances naturelles de telle ou telle race, et de lui ouvrir les voies du progrès, sans fermer celles de la tradition nationale. C'est ainsi que les nouvelles fédérations italiennes et slaves, formées avec les débris de l'Autriche et de la Turquie, deviendraient des États autonomiques, ayant leurs gouvernements distincts et assez de consistance intérieure, pour pouvoir exister par leurs propres forces, résultant du nombre et de l'activité des habitants qu'ils renfermeraient.

Certes, disons-le hautement, une pareille organisation de l'Europe comblerait les vœux de tous les peuples; et les grandes puissances existantes qui seules peuvent l'opérer pacifiquement, sans brûler une seule amorce, par un accord préalable et par une coopération mutuelle, aussi franche que loyale, n'en seraient atteintes ni dans leurs intérêts bien entendus, ni dans leur amour-propre national. Pour s'en convaincre, il suffit d'envisager tour à tour cette immense question aux points de vue anglais, français, allemand et russe.

Les intérêts de l'Angleterre consistent principalement à conserver, en toute sa grandeur, le rôle éminent qu'elle remplit sur le théâtre de la politique et dans les conseils de l'Europe; à fortifier et agrandir, s'il est possible, sa supériorité maritime aux yeux du continent, et à s'assurer la possession incontestée des voies les plus sûres pour ses larges transactions commerciales, principalement pour celles qu'elle opère dans les Indes orientales. Or, nous croyons qu'en lui garantissant un protectorat qui s'étendrait d'un côté sur la Suède et la Norvége, de l'autre sur la Syrie, et qu'en la mettant en possession d'une des îles de la Méditerranée comme celles de Candie ou de Chypre, elle y trouverait tous les éléments nécessaires au développement futur de sa puissance maritime et tous les moyens d'élargir le vaste cercle de ses opérations commerciales.

Les intérêts de la France consistent à rentrer dans

ses limites naturelles dont on la fit sortir par les traités de 1815, et à maintenir sa prépondérance maritime dans la Méditerranée. Or, si on lui garantissait, d'un côté, la partie française de la Belgique et le Rhin jusqu'à ses anciennes frontières, de l'autre, les Alpes grecques et l'Arve, comme pays habité par une population demi-française dont tous les intérêts ont pour centre Paris, ou mieux la France; si on lui restituait les îles de Jersey, de Guernesey et d'Aurigny, elle aurait des frontières solides et naturelles. En outre, le protectorat qu'elle étendrait diplomatiquement sur la confédération italienne lui ferait fortifier sa supériorité maritime dans la Méditerranée. Placée à la tête de cette fédération italienne, la France dirigerait un groupe de nationalités romanes renfermant près de soixante millions d'habitants, mais occupant un pays assez mal configuré pour une action collective et simultanée, et pouvant, par conséquent, d'autant moins inspirer aux autres États la crainte de lui voir prendre une prépondérance trop formidable, que l'Allemagne, la Russie et les pays neutres se trouveraient organisés de manière à lui faire contrepoids dans la balance des forces politiques de l'Europe.

On nous objectera peut-être que la France, rétablie dans ces limites, renfermerait certains pays habités par des populations de race éminemment germanique, tels que la Lorraine, l'Alsace et les bords du Rhin; mais, outre que les deux premières provinces sont françaises par tradition et par suite d'une longue possession, les Lorrains et les Alsaciens ne manifestent aucun désir de se séparer de la France. Quant aux provinces rhénanes des Deux-Ponts, du Luxembourg et les autres localités qui appartinrent jadis à la France, leur annexion à cet empire ne se ferait qu'après avoir obtenu leur consentement; car autrement la France ne les recevrait pas dans son giron; — elle s'en passerait et n'en resterait pas moins satisfaite et respectée.

Les intérêts de l'Allemagne exigeraient aussi qu'elle présentât un groupe de nationalités allemandes équivalant en puissance au groupe franco-roman, s'appuyant sur un État de premier ordre qui pût rivaliser isolément, d'un côté avec la France, de l'autre avec la Russie, et possédant quelques places fortes maritimes pour lui faciliter la création et la conservation d'une puissance navale, qui la ferait concourir à l'établissement de l'équilibre maritime général.

La population germanique, pouvant s'élever à près de quarante-cinq millions d'habitants, équivaudrait presque en puissance au groupe franco-roman, non-seulement par la plus grande homogénéité de ses parties constituantes, mais encore par la plus grande concentration de sa totalité. Le Danemark, qui est d'une nationalité différente, ne devrait rigoureusement pas appartenir à l'Allemagne, mais les besoins maritimes de cette confédération et la position isolée de ce royaume forceront probablement l'Europe à l'enclaver dans la confédération germanique. En ce cas, le groupe allemand aurait en son pouvoir les ports de Stettin, Rostock, Kiel, Copenhague, Hambourg et Bremen, tout en dominant sans conteste le passage du Sund.

L'établissement de la Prusse dans les conditions de principal État allemand exigerait beaucoup trop de considérations particulières, pour être traité dans cette brochure où nous ne pouvons exposer que des considérations tout à fait générales. Disons pourtant qu'on devrait augmenter le nombre de ses habitants d'une manière notable, lui donner une configuration plus compacte et mettre sous sa domination immédiate les principaux ports de mer. — On le voit, dans les plans de cette réorganisation germanique, tous les États confédérés devraient subir un complet remaniement; quelques-uns d'entre eux seraient considérablement agrandis ou diminués; beaucoup d'amours-propres dynastiques seraient flattés ou affectés; mais, nous l'avons déjà dit, les avantages individuels ne sont rien, pas plus que les pertes personnelles, quand il s'agit de la perte générale ou de l'avantage positif de l'humanité. D'ailleurs la diplomatie est toujours très-habile à trouver des palliatifs dans un système de compensation.

Reste maintenant la question slave que nous allons considérer au point de vue européen.

Et d'abord nous ferons observer que le pays habité par la race slave se trouve dans des conditions diamétralement opposées à celui qui est habité par la race germanique. En effet, autant la superficie territoriale de l'Allemagne est restreinte, autant celle des pays slaves est immense, puisqu'elle occupe à peu près la sixième partie du globe. Même différence entre eux pour le degré de culture intellectuelle et de développement politique; car il peut être considéré comme identique parmi tous les États allemands, tandis qu'il varie à l'infini parmi les populations slaves, depuis le Tchekh, le Morave, le Polonais, jusqu'au Bosniaque ou au Bulgare. L'Allemagne, puisant sa force dans sa concentration et, si l'on peut ainsi parler, dans sa propre identité, peut être soumise à un seul et même régime politique, aux mêmes lois générales à peine modifiées tout au plus en quelques endroits, pour tenir compte des usages ou des habitudes locales; mais les pays slaves, trouvant un élément de faiblesse dans leur immense étendue et dans leur propre diversité, n'offrent pas à beaucoup près, même à nombre égal d'habitants, un égal degré de puissance et ne sauraient être régis par un seul et même gouvernement, ni par les mêmes lois; car ils supposeraient le même degré de culture intellectuelle, les mêmes capacités politiques et la même conscience morale. L'unique élément d'organisation commun à tous les divers peuples slaves, celui qui les caractérise dans l'histoire, c'est leur tendance à se constituer en communes ; aussi la forme fédérative convient-elle merveilleusement à leur esprit national. Cette considération nous fait croire qu'on sera obligé de partager sans doute les Slaves occidentaux en plusieurs fédérations distinctes.

Nous ne prétendons pas donner ici une solution définitive de cette grave question, car il faudrait avoir pour cela des documents et des données qu'un simple particulier ne peut obtenir. Toutefois, nous fondant seulement sur nos connaissances personnelles des pays slaves, il nous sera permis de proposer une division de ces pays en quatre fédérations différentes : division qui satisferait selon nous aux exigences nationales. Ainsi, la première confédération, comprenant les pays les plus avancés sur le chemin de la civilisation, renfermerait la Bohême, la Moravie, la Galicie et la Pologne avec la province de Posen ; elle jouirait d'une autonomie complète, à l'expresse condition d'une neutralité absolue, et resterait placée sous le protectorat des quatre grandes puissances.

La seconde confédération se composerait de l'Istrie, de l'Illyrie, de la Styrie, de la Hongrie, du bannat de la Transylvanie et de la Bukovine ; mais elle ne jouirait de l'autonomie que pour son gouvernement intérieur, car ses relations de province à province ou d'État à État devraient être réglées par le double protectorat de l'Allemagne et de la Russie. — On ne verra pas, sans doute, avec plaisir, la Hongrie proprement dite, c'est-à-dire le pays des Maggyars, entrer dans une confédération slave; mais est-il possible de placer cette nationalité dans un état d'isolement, surtout quand on pense que les Maggyars ne sont séparés des Slaves que par l'idiome, et qu'ils sont réunis, du moins de fait, à leurs voisins par l'habitude et par les mœurs; car la population maggyare et la population slave se trouvent mêlées dans les mêmes provinces, dans les mêmes cercles, dans les mêmes villages?

La troisième confédération se composerait de la Croatie, de la Slavonie, de la Frontière militaire, de la Dalmatie, de l'Herzegovine, du Montenegro, de l'Albanie, de la Bosnie et de la Servie. Déjà moralement réunie par un idiome presque semblable, elle aurait les mêmes droits politiques que la précédente; mais elle serait placée sous le double protectorat de la France et de la Russie, celui de l'Allemagne étant insuffisant, à cause de l'étendue des rivages maritimes qui la limitent du côté de l'Occident.

La quatrième confédération slave se composerait de la Moldavie, de la Valachie, de la Bulgarie et de la Roumélie avec la Thrace; elle aurait une constitution autonomique semblable à celle qu'on donna tout récemment aux Provinces danubiennes. Toutefois, elle serait placée sous le protectorat immédiat de la Russie, protectorat indispensable, si l'on veut obtenir le consentement et la coopération de cette grande puissance à l'œuvre générale qui, sans elle, ne s'opérerait pas plus en temps de paix qu'en temps de guerre. Au surplus, ce protectorat aurait le suprême avantage de donner à ces divers pays le temps de compléter leur éducation politique, en passant, d'une manière normale et rationnelle, de l'état de misère et d'oppression à l'état d'affranchissement et de bien-être.

En regard de ces quatre confédérations slaves, on devrait constituer une Grèce assez forte pour devenir une puissance de second ordre, en ajoutant au territoire qu'elle possède la Thessalie, l'Épire et la Macédoine. Mais, pour la préserver des atteintes inévitables de l'Angleterre, les trois grandes puissances continentales de l'Europe la prendraient sous leur protectorat collectif; de sorte que cette nouvelle puissance maritime se créérait progressivement, sans crainte d'être détruite par la grande puissance qui s'opposera toujours au rétablissement de l'équilibre des forces navales entre les États, afin de conserver elle-même le sceptre des mers.

Dans cette vaste répartition des destinées universelles, chaque grande puissance deviendra le foyer d'une pléiade d'États qui tourneront autour de ces centres.

On nous objectera peut-être que, concéder à la Russie le protectorat de la quatrième confédération slave, c'est lui donner trop d'éléments de puissance et la rendre maîtresse de Constantinople. A cela nous répondrons que ce protectorat sera une compensation pour le sacrifice que la Russie fera de la Pologne et que la compensation n'égalera pas le sacrifice, puisqu'un simple protectorat ne saurait être assimilé à une possession complète. On aura beau faire, d'ailleurs, on ne parviendra jamais à détruire des tendances nationales qui dérivent de l'existence même des États et de leur situation géographique. Tôt ou tard, le Bosphore et les Dardanelles devront se soumettre à la puissance russe, et ce n'est plus qu'une question de temps. Ne serait-il donc pas préférable que l'on prévînt cette possession menaçante en lui substituant un protectorat? Si l'on veut opérer un remaniement complet de l'Europe, il faut qu'il soit fait largement, pleinement, justement. Pour que cet édifice de la sagesse diplomatique puisse être durable, il doit s'élever avec majesté sur des bases juridiques, solides et naturelles. — Il faut que tout le monde en soit content.

Après avoir considérablement accru la puissance de l'Angleterre, de la France et de la Prusse, prétendrait-on borner la Russie au sacrifice de la Pologne, en ne lui offrant aucune espèce de compensation? Mais, outre qu'il s'agirait d'abord d'y contraindre cette grande puissance, qui sait si bien appuyer ses propres armes sur les éléments, en supposant même qu'elle y fût contrainte, ne serait-ce pas introduire, par un tel acte, dans un travail d'organisation exprimant le droit public général, un principe de désorganisation et d'iniquité?

Du reste, à quoi bon exagérer le danger qui résulterait pour l'Europe, non-seulement du protectorat, mais de la possession même de Constantinople et des Dardanelles par la Russie? Puisque toute question bien posée est en quelque sorte résolue, dit-on, essayons de poser ce grave problème de notre mieux, et considérons-le, sans parti pris, au point de vue européen comme au point de vue russe.

Le protectorat de la Russie sur la quatrième confédération slave augmentera évidemment son influence morale déjà prépondérante dans ces contrées, mais il ne saurait augmenter sa puissance matérielle; car, si la flotte russe y trouvait des lieux de refuge pour se dérober aux poursuites des flottes ennemies, elle n'y trouverait pas un surcroît de moyens d'agression pour les attaquer, et elle n'oserait s'y risquer, lorsque la majorité des peuples maritimes aurait formulé son *veto*. En effet, qu'est-ce que la Russie pourrait faire dans la Méditerranée, quand une flotte anglaise, stationnée devant l'île de Candie ou devant l'île de Chypre, suffirait pour bloquer ses navires dans la mer Noire; quand la flotte française dominerait depuis

Marseille et Alger, ou plutôt depuis Gibraltar jusque sous les murs d'Alexandrie et de Beyrouth; quand une nouvelle puissance maritime, respectable par elle-même, se serait formée presque dans ses propres eaux, c'est-à-dire en Grèce? Évidemment, tous ses mouvements seraient observés, et toute velléité d'attaque ou même de prépondérance maritime bien vite étouffée dans leurs germes. Ces appréhensions sont donc illusoires, de même que la prétention des plénipotentiaires qui, en signant la paix de Paris, pour mettre fin à la guerre d'Orient, s'imaginaient empêcher longtemps la Russie de se créer une force maritime suffisante dans la mer Noire. On ne règle pas l'Europe avec des chimères, à moins qu'on ne veuille l'exposer de gaieté de cœur au choc des plus formidables réalités. Laissons donc les choses humaines suivre leur pente naturelle, et trouvons, s'il se peut, une solution rationnelle à tous les problèmes internationaux du présent, pour fixer diplomatiquement toutes les destinées de l'avenir. N'oublions pas surtout que l'anéantissement plus ou moins prochain, plus ou moins éloigné, mais inévitable de la Turquie, est une question d'équilibre pour les gouvernements chrétiens et une question de temps pour les Turcs, qui, ne croyant pas leurs tombeaux en sûreté sur la rive européenne du canal de Constantinople, se font presque tous enterrer en Asie, dans le grand champ des Morts de Scutari, au pied de la tour de Léandre, et s'imaginent que leur sépulture sera mieux protégée par les caravanes, que la Sublime Porte ne peut l'être par les cabinets.

A propos de cette position précaire de la Turquie, nous pouvons constater un fait bizarre mais caractéristique : tant que la Turquie passait aux yeux de l'Europe pour un pays dominé et molesté par la Russie ; tant qu'elle n'était point encore admise dans la famille européenne et placée sous la garantie collective des grandes puissances, les désordres qui s'y commettaient n'étaient que des péchés véniels, en comparaison des monstruosités dont cet empire agonisant est le théâtre à l'heure qu'il est. Ce fut une grande duperie que de prodiguer le sang chrétien, et de dépenser tant de trésors, pour arriver à un résultat diamétralement opposé à celui qu'on avait en vue. Il est donc vrai de dire que la chute de l'empire turc, destiné à transformer et à régénérer le monde civilisé, n'étonnera personne à l'heure suprême. L'opinion publique le sollicite avec ardeur, parce que la destruction du peuple musulman doit entraîner logiquement la résurrection d'une nationalité chrétienne et rétablir de fait, au-dessus de toutes les divisions politiques, un grand principe : l'unité morale de l'Europe !

Un jour vint, — il y a trente ans de cela, — où ce vaste problème semblait sur le point d'être irrévocablement résolu ; car l'héroïsme des Hellènes, qui combattaient pour leur foi religieuse et pour leur indépendance nationale, montrait aux États du continent ce que les Grecs modernes pouvaient devenir. Tous les peuples répétaient alors ces paroles mémorables d'Alexandre Ier : *Pauvres Grecs! ils désirent une patrie; certainement ils l'auront*. Oui, sans doute, ils l'auraient eue, malgré les obstacles suscités par deux puissances ombrageuses : l'Angleterre et l'Autriche; mais l'esprit révolutionnaire ayant fait explosion en France durant les trop célèbres journées de juillet, le sort des nationalités se trouva fatalement compromis. Après avoir été philhellène sous Charles X, l'Europe, prétendue chrétienne, devint turque sous Louis-Philippe. Le cabinet russe, que l'on considérait depuis 1813 comme le sauveur des rois et le libérateur des peuples, fut considéré dès lors comme une espèce de croquemitaine, toujours prêt à dévorer les peuples qui auraient voulu se soustraire à l'oppression des rois.

On le sait, il n'y a pas de calomnie qui n'ait été dite et redite de cent manières différentes contre la Russie, par les divers partis de tous les pays, dans le but de ruiner la puissance morale d'un État, qui restait le plus solide appui de la monarchie européenne. Les réfugiés polonais firent chorus pour donner pleine satisfaction à leurs rancunes historiques. C'est ainsi qu'ils persuadèrent à l'Europe, et qu'ils se persuadèrent à eux-mêmes, que le premier partage de leur nation était l'œuvre de la Russie, tandis que la pensée première de cet acte, attribuée au prince Henri, frère du roi de Prusse, doit être imputée à Frédéric le Grand, qui opéra la destruction de la Pologne, afin d'accomplir la création de la Prusse[1].

Effectivement, la Prusse avait besoin de se compléter sous le rapport territorial; son roi lui-même avait besoin de se compléter sous le rapport monarchique. Vis-à-vis des autres maisons régnantes, la maison de Brandebourg n'était qu'une parvenue; et Frédéric II n'était, aux yeux des autres monarques de l'Europe, qu'un brave et heureux capitaine d'aventures. Souverain d'un royaume formé de territoires épars, sans homogénéité, sans frontières naturelles, il ne pouvait aller d'une province à une autre qu'avec la permission de ses voisins. La Prusse ne s'appartenait pas en quelque sorte elle-même, puisque la province, communément appelée *Prusse-Royale*, appartenait à la Pologne, ancienne suzeraine de la Prusse ducale. Frédéric voulut que les mots exprimassent les choses, et le tombeau de la république polonaise devint le berceau de la monarchie prussienne.

Catherine II rejeta pendant longtemps le projet de

1. Cette question historique a été traitée sous son véritable jour par M. Francis Lacombe, dans son *Histoire de la monarchie en Europe*, t. III, p. 461-482. Nous en résumons les pensées.

partage que Pierre III avait accepté. Dominant par sa politique et par ses troupes toute la Pologne qui, privée de forteresses et d'armée régulière, était conséquemment incapable de se suffire à elle-même, dans quel but la tzarine aurait-elle désiré partager cette nation avec Frédéric et Marie-Thérèse ou Joseph, quand elle pouvait s'en emparer toute seule?

A cette époque, trente mille Russes venaient d'écraser cent cinquante mille Turcs; la flotte ottomane avait été détruite par la flotte russe, et les généraux de Catherine, maîtres de la Moldavie et de la Valachie, se préparaient à franchir le Danube. Or, l'Autriche, plus intéressée que toute autre puissance, au maintien de l'équilibre en Orient, ne pouvait permettre que, sans concert préalable, la Russie fît des conquêtes au delà du Danube, ni qu'elle conservât en deçà deux principautés qu'elle se proposait de revendiquer elle-même, un jour ou l'autre, comme ayant appartenu à l'ancienne couronne de Hongrie. Aussitôt le cabinet de Berlin se rapprocha de celui de Vienne, le roi Frédéric et l'empereur Joseph eurent des entrevues secrètes; il y fut résolu que la médiation de l'Autriche et de la Prusse serait offerte, et, s'il le fallait, imposée à Catherine. C'est alors que l'impératrice de Russie, placée entre une négociation diplomatique et un acte d'hostilité, se détermina pour le partage de la Pologne, et les trois monarques n'eurent plus qu'à signer son arrêt de mort.

Certes, depuis la ligue de Cambrai, véritable point de départ de la diplomatie européenne, jusqu'aux arrangements pacifiques de Paris et de Hubertsbourg, les puissances de l'Europe n'avaient fait en quelque sorte aucune transaction qui ne fût, à vrai dire, un traité ou un projet de partage; mais ni l'Autriche, ni la Prusse, ni la Russie n'alléguèrent ces précédents pour justifier le partage de la Pologne. Marie-Thérèse prétendit qu'elle avait été *séduite;* Frédéric le Grand, qui avait tout fait, prétendit qu'il n'avait rien à se reprocher; seule Catherine II, qui s'était d'abord refusée à cette exécution, eut du moins le courage de braver la désapprobation publique, en disant à ses complices : *Je prends le blâme sur moi.* Au reste, elle ne pouvait craindre que le jugement de la postérité; car les encyclopédistes, véritables directeurs de l'opinion contemporaine, chantaient avec Voltaire *les rois qui partagent le gâteau, et se félicitaient d'avoir vécu assez longtemps pour voir le grand événement* [1].

Quoiqu'il soit, le principal auteur du partage de la Pologne, le nom de Frédéric le Grand est resté populaire; et quoique la Russie ait tout fait pour le prévenir, en invoquant l'intervention de la France, alors énervée avec Louis XV entre les bras de la Du Barry, l'impopularité frappe encore cette puissance en pleine

1. *Lettres de Voltaire*, publiées par lord Brougham.

Europe. Tant d'idées hostiles ont été mises en circulation dans le monde, contre la Russie, et avec tant de persévérance, que les paradoxes individuels sont devenus des persuasions tellement générales, qu'elles forment le *credo* politique de tous les peuples.

Assurément, nous sommes trop peu au courant des choses et des hommes de la Russie, pour oser nous poser en champion du parfait désintéressement du cabinet de Saint-Pétersbourg. Si nous devons en juger par les antécédents, on peut lui attribuer quelquefois une certaine velléité d'agrandissement et de conquêtes; mais on ne saurait jamais lui accorder une grande habileté diplomatique. Ainsi, nous avons prouvé qu'après avoir paru d'une manière si brillante à la tête du mouvement européen durant les années 1813, 1814 et 1815, la Russie ne sut rien obtenir de réellement avantageux dans les diverses stipulations du traité de Vienne; après avoir marché de victoire en victoire pendant les campagnes de 1828 et 1829, après s'être avancée jusqu'aux portes de Constantinople et avoir, en quelque sorte, régné pendant cinq ans dans les principautés danubiennes, elle a subi depuis la paix d'Andrinople, défaite sur défaite sur le terrain diplomatique. En effet, non-seulement elle en a été pour ses frais de guerre, mais elle a vu décroître d'année en année son influence autrefois prépondérante, à Bucharest, à Jassy et à Stamboul. Ajouterons-nous encore le souvenir de sa marche triomphale en Hongrie : triste expédition dont le résultat fut de lui faire un ennemi de l'Autriche qu'elle venait de sauver[1], et d'appeler sur sa propre tête les rancunes politiques de tous les peuples qui sont ou qui se croient opprimés? Quant à la dernière guerre d'Orient et à la dernière paix de Paris, ces événements sont trop récents pour qu'il ne suffise pas de les rappeler seulement.

Et maintenant, récapitulation faite, au point de vue strictement européen, n'avons-nous pas accumulé preuves sur preuves et trouvé, dans le passé de la Russie, de quoi rassurer les alarmistes les plus ardents sur l'accroissement démesuré de sa puissance politique et militaire dans l'avenir? N'importe, faisons la contre-partie de notre démonstration, en considérant ce même problème au point de vue russe. Étant posé en étranger, nous le résoudrons sans tomber dans des hallucinations patriotiques.

La Russie est certainement un pays très-puissant; mais sa puissance, comparée à celle des autres États de l'Europe, se trouve inférieure, parce que le nombre de ses habitants n'est pas en rapport avec la

1. Il serait temps de stigmatiser cet acte inique du cabinet autrichien. On se rappelle avec quel cynisme le prince de Schwartzenberg répétait que « l'Autriche étonnerait le monde par son ingratitude. » Rien ne doit étonner pourtant de la part de l'Autriche, qui a toujours procédé de la sorte et soulevé le monde entier par sa perfide politique. L'histoire est à pour nous dévoiler son constant machiavélisme et l'esprit punique qui se cache sous ses démonstrations les plus bienveillantes en apparence.

superficie de son territoire. La force matérielle du gouvernement doit nécessairement s'appuyer sur une grande force morale, pour pouvoir maintenir l'ordre et la soumission aux lois dans une population nombreuse, disséminée sur un vaste pays, presque entièrement privée de communications intérieures pendant trois mois de l'année, et n'en ayant que de mauvaises pendant six mois. En Russie, toute la force morale consiste dans l'idée et le fait du tsarisme, c'est-à-dire dans le culte que tout Russe professe et pratique pour le représentant orthodoxe et *unique* du pouvoir sur la terre, pour le tsar. Anéantir ce principe d'unité, ce serait priver la Russie de toute sa force morale, ce serait l'anéantir elle-même, en substituant l'anarchie à l'ordre, en la lançant d'une main barbare dans l'inextricable voie des révolutions. Or, la possession de Constantinople par la Russie, aurait pour conséquence probable, sinon certaine, l'anéantissement du tsarisme et le démembrement plus ou moins prochain, mais inévitable, de l'empire. En effet, supposons pour un instant, que Constantinople soit déclarée ville russe. Aussitôt une partie du gouvernement viendra s'y installer; peu à peu les avantages du climat, la beauté des sites et mille autres attraits en feront la principale résidence du souverain et de la cour; les deux capitales du nord se verront délaissées pour la capitale du midi : en sorte que le pouvoir se centralisera dans l'ancienne Byzance, au préjudice de Saint-Pétersbourg et de Moscou, la capitale nationale. Cette prédilection des souverains russes pour Constantinople provoquera d'abord des jalousies et des rivalités, puis un antagonisme, et tôt ou tard une scission déchirante entre la partie septentrionale, centrale et orientale de l'empire, et la partie sud-ouest et méridionale. Croit-on sérieusement qu'Archangel, Vologda, Viatka, Perme et toute la Sibérie, puissent longtemps se laisser gouverner et même ruiner par Constantinople? Nous ne le pensons pas. Alors de deux choses l'une : ou bien il se formera un nouvel empire septentrional, indépendant de l'empire Byzantin, et le principe de l'*unité* tsarienne orthodoxe, qui fait incontestablement la force de la Russie actuelle, sera positivement anéantie ; ou bien il s'opérera une dissolution immédiate de l'empire des tsars, sur les ruines duquel s'élèveront divers États plus ou moins considérables; et, dans ce dernier cas, la Russie proprement dite sera positivement réduite à l'ancienne Moscovie, possédant à peine un port de mer dans la mer Blanche.

Assurément les hommes d'État russes ne peuvent pas se dissimuler la probabilité d'un tel avenir; aussi doivent-ils comprendre avec raison que l'unique moyen de s'y soustraire d'une manière infaillible, consiste à solliciter ardemment, pour leur pays, une complète liberté d'action sur la mer Noire, et à rejeter sagement tout système qu'on lui proposerait dans le but de compromettre les destinées nationales de la Russie, en lui offrant la possession de Constantinople. Ses ennemis seuls essaieront de la séduire par une tentation pareille; ses amis véritables, au contraire, lui montreront sans cesse le piége grossier qu'on lui tendra mille fois, dans l'espoir, sans doute, qu'une fois tombée, elle ne pourrait plus se relever. Ils savent que l'intérêt russe bien entendu sera pleinement satisfait, non par l'autorité que la Russie exercerait dans Byzance après l'anéantissement de la Porte Ottomane, mais par la liberté dont elle jouirait sur la mer Noire, après l'anéantissement de toute espèce de fortification sur les hauteurs des Dardanelles et du Bosphore. Telle doit être, en effet, la limite et le but du protectorat de la Russie orthodoxe, qui est vivement sollicité par les chrétiens de Constantinople et de tout l'Orient.

Résumons-nous.

De toutes les idées que nous venons d'esquisser, comme aussi de tous les événements qui s'accomplissent sous nos yeux, il résulte un fait certain, incontestable, nous voudrions bien pouvoir dire incontesté : c'est qu'il est désormais indispensable de remanier complétement le système politique de l'Europe, non pour la satisfaction égoïste de tel ou tel souverain, de telle ou telle dynastie, ou de tel ou tel gouvernement, mais pour établir autant que possible l'équilibre des races humaines, en donnant une forme nouvelle à l'esprit général des nationalités. On aura beau se récrier, on aura beau faire, désormais il ne sera donné à personne de maintenir le monde tel qu'il est, reposant d'une part sur le traité de Vienne, souverainement hostile à la France et déclaré inviolable, après avoir été violé mille fois ; d'autre part, sur le traité de Paris, souverainement hostile à la Russie et reconnu impraticable sous certains rapports. Ces deux traités, foudroyés par l'opinion publique, sont devenus une lettre morte, parce que les peuples considèrent leurs divers articles de loi non comme des liens moraux, mais comme des chaînes de fer qu'il faut briser à tout prix. Attendra-t-on pour agir que ce formidable déchirement soit opéré par le glaive? Mais alors, au lieu de voir triompher la force du droit des gens, peut-être tomberons-nous en un jour sous le coup du droit de la force d'un seul ou de plusieurs, c'est-à-dire sous le coup d'un système anticivilisateur et antihumanitaire contre lequel le monde politique a réagi depuis trois siècles!

Loin de nous une semblable pensée qui, si jamais elle se réalisait en Europe, entraînerait une catastrophe universelle. Puisqu'il est enfin avéré que les traités actuellement en vigueur mettent en danger l'avenir du monde ; puisque *la sagesse politique conseille*, dit-on, *de leur substituer autre chose*[1],

1. Voir la brochure intitulée : *Napoléon III et l'Italie.*

pourquoi ne pas accepter dès à présent un projet de remaniement européen, qui donnerait, ce nous semble, une solution rationnelle et définitive à tous les problèmes soit nationaux, soit internationaux, en établissant l'union relative et absolue entre les peuples, entre les races, entre les États, entre les divers gouvernements? Quand on aura créé trois grandes puissances continentales et une grande puissance maritime, exerçant noblement leur protectorat sur toutes les petites puissances réunies en fédération ; quand les trois puissances continentales se pondéreront constamment et présenteront ensemble une force maritime supérieure à la force maritime de la quatrième grande puissance, évidemment l'Angleterre, l'Europe continentale et l'Amérique formeront un équilibre maritime parfaitement régulier.

Indépendamment des fédérations soumises au protectorat des quatre grandes puissances, il y aurait d'autres puissances secondaires, isolées ou fédérales, vivant par elles-mêmes et ne subissant l'influence exclusive d'aucune des puissances du premier ordre. Mais ce qui est bien entendu surtout, c'est qu'en opérant ces divisions et ces subdivisions territoriales, on respecterait l'esprit des nationalités, les intérêts matériels et moraux des peuples, au lieu de ne les considérer que comme une masse de force défensive ou offensive sur laquelle on doit élever le trône de telle ou telle dynastie, ainsi que cela se pratiquait au congrès de Vienne en 1815, quoiqu'on se proposât pourtant la répartition générale des destinées de toute l'Europe.

Certes, nous n'avons pas la prétention d'offrir dans cette ébauche un projet qui ne puisse être ni corrigé, ni modifié; mais nous croyons fermement que si l'Europe était reconstituée sur un pareil plan, elle ferait un pas immense dans la voie du véritable progrès. Les nationalités italienne, polonaise, thechhe, maggyare, croate, serbe, roumaine, bulgare, etc., mortes à la vie politique, seraient rendues à leur propre existence, et contribueraient ainsi chacune, par ses actes et par ses idées, au développement général de l'humanité. Les liens de la grande famille slave, qui ne sont aujourd'hui que des chaînes, puisque leurs membres sont fortement retenus sous la domination de divers étrangers, également hostiles ou barbares, se transformeraient en liens d'amour, de fraternité, de civilisation. La nation grecque, aïeule de la famille universelle, occuperait enfin la place qui lui convient dans le concert européen, solidement établi et fixé par une organisation rationnelle des grandes puissances et des puissances neutres. Que, si les hommes d'État ultra-pratiques ou timorés se bornaient à traiter ce plan comme on traite une utopie, nous nous consolerions en pensant que cette utopie est non-seulement praticable et susceptible d'application immédiate.

mais aussi qu'elle peut servir de but aux efforts diplomatiques de tous les gouvernements animés du véritable amour du bien public.

Ce plan est praticable, en effet, puisque toutes les nationalités y gagneraient, ainsi que toutes les puissances, à l'exception d'une seule : État conventionnel qui devrait descendre des hauteurs de l'échafaudage où il s'est fortuitement hissé, par suite du malentendu séculaire que sa politique astucieuse fomente sans cesse entre les grandes puissances et les nationalités soumises à son triste gouvernement.

Toutefois, nul ne saurait plus longtemps se faire illusion au sujet de l'Italie; il est incontestable que l'on sera obligé de reconstituer bientôt cette nationalité en une fédération autonomique ; et cette nationalité une fois reconstituée, on sera forcé d'étendre immédiatement la même mesure diplomatique à toutes les autres nationalités qui languissent comme elle sous une domination étrangère ; faute de quoi ces nations oubliées ou effacées, dont on ne parle plus ou qu'on nie, voudront s'affirmer elles-mêmes, parler en leur propre nom et s'inscrire n'importe comment au grand livre de l'histoire. Il en résulterait une ère nouvelle de trouble, de confusion, d'anarchie et de chaos. Le Saturne révolutionnaire dévorerait les peuples, après avoir exterminé les rois. Qu'on y prenne garde! Tout se tient dans le monde politique, et la résurrection particulière de l'Italie est inséparable de la résurrection générale de toutes les nationalités européennes! Le temps des demi-mesures est passé pour ne plus revenir. On sait trop bien ce qu'ont produit les replâtrages successifs du traité de Vienne, et l'on n'ignore pas davantage que le seul obstacle qui s'oppose au remaniement complet de l'Europe et, par conséquent, à l'accomplissement progressif des destinées universelles, vient de l'Autriche, à laquelle il est absolument impossible de conserver le rang qu'elle a usurpé dans la hiérarchie actuelle des États, parce qu'elle ne saurait être la clef de voûte d'un système politique rationnellement établi.

Le remaniement général de l'Europe est donc un fait acquis à l'opinion publique ; il s'accomplira, car il est providentiellement nécessaire ; mais de quelle manière s'accomplira-t-il ? par la force matérielle des armes, ou par la force morale de la raison ? Voilà le problème. Il serait bien vite résolu dans ce dernier sens, si le cabinet de Vienne pouvait se prêter à une solution pacifique et humanitaire quelconque. Et pourtant, ce n'est pas un motif pour désespérer encore du maintien de la paix européenne. En effet, le jour où les grandes puissances, mieux éclairées sur leurs véritables intérêts, comprendront qu'elles n'ont rien à perdre et qu'elles ont tout à gagner en réorganisant l'Europe, de telle sorte que toutes les diverses nationalités soient rendues à leur propre destin, sans nul doute elles se concerteront et se mettront d'accord pour accomplir, par voie diplomatique, cette grande œuvre de civilisation. Un congrès sera solennellement convoqué, et cet aréopage prononcera en premier et dernier ressort ses arrêts suprêmes, que tous les peuples accueilleront certainement avec enthousiasme, mais qui seront, au besoin, imposés par la force à n'importe quel gouvernement réfractaire. Au reste, y a-t-il dans le monde un seul gouvernement assez puissant pour empêcher l'exécution de semblables arrêts, assez insensé pour ne pas s'y soumettre, fussent-ils attentatoires à son existence? Autant vaudrait-il dire qu'un seul homme peut braver impunément toute l'humanité. Cette résistance ne serait donc, à vrai dire, qu'une vaine protestation, un acte illusoire et sans force, qui ferait encore mieux éclater la sagesse des mesures, l'omnipotence des moyens et la supériorité du but défini par le congrès. Mais si, au contraire, la solution du problème européen, et par conséquent la création de l'Europe nouvelle, ne devait avoir lieu que par la guerre, c'est-à-dire après une immense destruction d'hommes et d'États, cette solution ne saurait être que partielle, fortuite et insuffisante, puisqu'elle n'exprimerait que la consécration des succès obtenus par la force brutale; élément de réussite éminemment injuste et inintelligent.

Un congrès donc avant la guerre, ou mieux, *un congrès et non la guerre!* tel est le dernier mot de la situation. C'est un fait nouveau, un fait immense dans l'histoire des sociétés humaines, qu'il faille conserver la paix dans toute sa puissance transformatrice, pour mieux atteindre le but régénérateur qui est fixé devant l'Europe. Puisque la plupart des hommes d'État semblent en avoir conscience à l'heure qu'il est, ce serait faire injure aux souverains que de ne pas croire qu'ils invoqueront eux-mêmes les solutions pacifiques de la diplomatie, à l'effet de répartir les destinées générales du monde politique en ayant égard aux diversités de race, de religion, de langage, de position et en rendant les nations civilisées à leur véritable destin. De cette manière, ils montreront aux générations présentes et à la postérité, juges impassibles de leurs actes, qu'ils sont à la hauteur du siècle où ils vivent et de leur propre situation ; qu'ils comprennent la grande idée qu'il s'agit aujourd'hui de faire passer dans les faits, et qu'ils sont enfin les champions augustes de la sainte cause de l'humanité dont ils doivent toujours être responsables devant Dieu !

PARIS. — IMPRIMERIE DE J. CLAYE, RUE SAINT-BENOIT, 7.

www.ingramcontent.com/pod-product-compliance
Lightning Source LLC
LaVergne TN
LVHW010040230826
846091LV00005B/1793
* 9 7 8 2 0 1 1 7 8 3 3 8 7 *